La colección Experia ha sido creada por Beniamino Sidoti
Textos: Beniamino Sidoti
Ilustraciones: Roberta Tedeschi
Diseño y maquetación: Daniela Rossato
Redacción: Martina Boschi
Búsqueda iconográfica: Claudia Hendel, Elisabetta Marchetti, Beniamino Sidoti

Fotografías:
Getty Images: © The Bridgeman Art Library p. 44bs.
Fotolia: © visualtektur portada, pp. 3, 5bd, 6-7, 48a; © fotomek p. 4, 21bd; © kmiragaya p. 5ad, 31cd; © ferretcloud pp. 5bs, 21cd; © KarSol p. 10; © norman blue p. 20cs; © hansenn p. 20cd; © 3dmentat pp. 20-21; © Christian Stoll p. 21cs; © fotomek pp. 21bs, 48; © FedeCndoniPhoto p. 22; © Sergii Figurnyi pp. 22-23; © Helder Almeida p. 23 b; © Santi Rodriguez pp. 24-25; © Driveprix p. 28; © Argonautis p. 29as; © ViewApart p. 29cd; © fabiomax pp. 29bs, 30-31, 43b; © angelo Iano p. 30; © Lensman390 p. 32; © baldas1950 p. 33; © barbulat p. 34ad; © lesniewski p. 34bs; © Dario Bajurin p. 35a; © antbphotos p. 35b; © Josemaria Toscano pp. 36-37; © fovivafoto pp. 36, 40bd; © bygimmy p. 37a; © Brunott p. 37b; © Liane M p. 38; © Dario Bujurin p. 39cd; © massimohokuto p. 39bd; © lamio p. 40bs; © javarman pp. 40-41; © Vladimir Korotyshevoskiy p. 41a; © gaggio1980 p. 41b; © Andrzej Solnice p. 42bs; © Erica Guilame-Nanchez pp. 42bd, 46-47; © swisshippo pp. 42-43; © szirtesi p. 43ad; © Màrcel Mota p. 44cd; © defender06 p. 45as; © jahercos p. 45bs; © robu_S p. 45bd.
Shutterstock: © Croato pp. 26-27; © Luis B p. 31bd.

El editor se declara dispuesto a regularizar los posibles honorarios de aquellas imágenes de las que no ha sido posible rastrear la fuente.

Se recomienda que los experimentos contenidos en este libro se lleven a cabo con la ayuda de un adulto.

Título original: *Costruire un acquedotto romano*
© 2014 Giunti Editore S.p.A. Firenze - Milano
www.giunti.it

Dirección editorial: Juan José Ortega
Traducción: Mª Jesús Recio Villalar
© 2017 Ediciones del Laberinto, S. L., para la edición mundial en castellano.

ISBN: 978-84-8483-899-9
Depósito legal: M-3732-2017
EDICIONES DEL LABERINTO, S. L.
www.edicioneslaberinto.es
Impreso en España

Construir un acueducto romano

laberinto ciencia

ÍNDICE

EL ACUEDUCTO ROMANO PASO A PASO

CONOCER
LA ANTIGUA ROMA

Para empezar...

Aquí encontrarás las instrucciones necesarias para construir una maqueta de un acueducto romano: no servirá para unir tu casa a un manantial de montaña, pero será una buena manera de entender algunas reglas de la hidráulica y conocer mejor la historia antigua. Para crear tu maqueta usarás materiales que se pueden conseguir con facilidad en casa. Y como te harán falta herramientas puntiagudas como las tijeras y usarás agua ¡recuerda pedir ayuda y permiso siempre a un adulto! Hazte con el material indicado aquí abajo y... ¡que te diviertas!

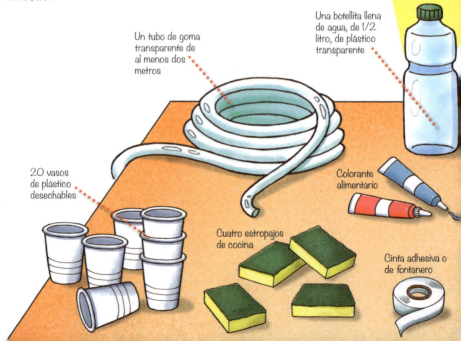

Un tubo de goma transparente de al menos dos metros

Una botellita llena de agua, de 1/2 litro, de plástico transparente

20 vasos de plástico desechables

Colorante alimentario

Cuatro estropajos de cocina

Cinta adhesiva o de fontanero

¿QUÉ ES UN ACUEDUCTO?

Un acueducto es un conjunto de instalaciones destinadas a la recogida y a la distribución de agua. En las siguientes páginas vas a construir un modelo que funciona, beneficiándote de los conocimientos que ya tenían los antiguos romanos hace dos mil años. Los acueductos no solo se encuentran entre los monumentos más importantes que dejó esta gran civilización, sino que representan una de las grandes obras que permitieron a Roma mantener unido un territorio inmenso.

Algún tubo de cartón de un rollo de papel higiénico o de papel de cocina

Masilla o arcilla (valen también pastas moldeables, como la plastilina)

Un recipiente grande de plástico como los de yogur

Caramelos blandos (como las nubes)

Una palangana

CUANDO USES HERRAMIENTAS AFILADAS O TIJERAS BUSCA SIEMPRE LA AYUDA DE UN ADULTO

Pajitas

Un embudo

Tijeras

Cómo funciona un acueducto

Los antiguos acueductos romanos transportaban el agua desde los manantiales de las montañas hasta las ciudades, aprovechando la pendiente, es decir, hacían correr el agua simplemente por efecto de la gravedad. Es muy fácil entender su funcionamiento incluso en casa.

1 Toma el tubo, el embudo, la palangana y una botella de agua.

2 Elige dos puntos de diferente altura: el punto más alto será la partida de tu acueducto, el más bajo la llegada.

3 Encaja el embudo dentro del tubo de goma. Prepara la palangana en el otro extremo.

EL INGENIO DE LOS ROMANOS

La base del funcionamiento de un acueducto es sencilla: los romanos consiguieron que funcionaran en situaciones muy diversas, logrando superar valles, montes y obstáculos de diferente naturaleza. Tú también lo harás en las siguientes páginas.

4 Vierte el agua desde arriba y observa cómo corre. Prueba a mover el tubo, cambiando la altura de la llegada. ¿Qué sucede?

SI EL AGUA NO CORRE BIEN, PRUEBA CON UN TUBO MÁS LARGO. SI NO LO VES BIEN, AÑADE UN POCO DE COLORANTE LÍQUIDO EN EL AGUA

1er paso: superar el valle

Intenta imaginar cuáles pueden ser los obstáculos que tu acueducto se encontraría y tendría que superar. En primer lugar atravesarás un valle. Los romanos se hicieron expertos en el uso de los arcos: el **arco** es un modo muy sencillo de realizar construcciones robustas con poco material.

1 Puedes realizar sencillas arcadas cortando algunos vasos de plástico, como en el dibujo: luego coloca los vasos bocabajo de manera que formes un pequeño puente.

2 Los arcos de los romanos estaban construidos con ladrillos. Puedes intentar reproducirlos usando los caramelos blandos: aplástalos un poco por un lado para darles una forma ligeramente trapezoidal, luego humedécelos a ambos lados para que se peguen. Únelos y dale al conjunto una forma de arco.

3 Prueba a construir unos arcos más sólidos usando los estropajos. Con una marca, divide en dos el estropajo a lo largo, luego dibuja unas líneas inclinadas a distancias regulares de 3 y 1 cm.

4 Corta a lo largo de las líneas y obtendrás unos fragmentos trapezoidales. Pégalos manteniendo en la misma zona todos los lados cortos, hasta que tengas un arco.

¿QUÉ ESTRUCTURA TE GUSTA MÁS? REPÍTELA VARIAS VECES Y DESPUÉS APOYA SOBRE ELLAS EL TUBO DE PLÁSTICO: ¡HAS CONSTRUIDO TU PUENTE!

2° paso: superar un barranco

No todos los obstáculos podían superarse con la construcción de arcos: ¡en algunos casos se necesitarían puentes demasiado altos! Los arquitectos romanos recurrían entonces a unas tuberías artificiales, en las que el agua descendía velozmente siguiendo el perfil de la montaña, para luego subir a una altura un poco inferior a la de salida. Es el llamado principio del **sifón inverso.**

EL AGUA, RECOGIDA EN UNA CISTERNA, CAÍA EN LA TUBERÍA PARA LUEGO SUBIR AL OTRO LADO POR EFECTO DEL IMPULSO.

1 Toma una botellita de plástico (de 1/2 litro) y vacíala. Pídele a un adulto que haga dos agujeros, algo más anchos que una pajita, en el tapón.

2 Encaja dos pajitas y únelas con la cinta aislante.

3 Encaja la pajita doble en uno de los agujeros, luego, en el otro, pon una sola pajita. Sella bien los dos agujeros con un poco de masilla.

4 Echa tres dedos de agua en la botellita y pon el tapón. Coloca un vaso lleno de agua en una mesa o sobre una pila de libros y otro vaso vacío más abajo. Dale la vuelta a la botella manteniendo la pajita más larga tapada para que no salga el agua.

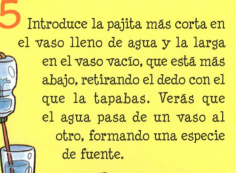

5 Introduce la pajita más corta en el vaso lleno de agua y la larga en el vaso vacío, que está más abajo, retirando el dedo con el que la tapabas. Verás que el agua pasa de un vaso al otro, formando una especie de fuente.

3er paso: superar una montaña

Largos tramos de los acueductos romanos discurrían bajo tierra, ya fuera para mantener limpia el agua o para salvar obstáculos como las montañas o similares. Para atravesar una montaña, los romanos creaban una galería donde meter un conducto o, más a menudo, excavando directamente un canal en la roca. La **técnica de excavación** más utilizada consistía en perforar la montaña por ambos lados, para encontrarse a medio camino.

1 Encaja cuatro pajitas entre sí. Puedes hacerlo más fácilmente si cortas un ángulo en un extremo, ¡siempre con la ayuda de un adulto!

2 Haz lo mismo con otras cuatro pajitas: esto representa la perforación de la montaña. En este experimento vas a comprobar con un amigo lo difícil que es encontrarse a medio camino. Necesitarás una mesa cubierta con un mantel. Comprueba que las dos filas de pajitas, colocadas una a continuación de la otra, abarquen algo más que el ancho de la mesa; si no es así, añade más pajitas.

3 Eleva el mantel usando algunos libros, de modo que se puedan meter objetos debajo sin verlos desde fuera. Esta es tu montaña.

4 Pídele a un amigo que se ponga al otro lado de la mesa. Meted cada uno una fila de pajitas desde vuestro lado y movedlas intentando encontraros en el centro.

5 Para encontraros tenéis que ser muy precisos en la dirección. Para aumentar las posibilidades, podéis doblar las pajitas, una a la derecha y otra a la izquierda. Volved a probar de este modo: es la técnica ideada por un arquitecto llamado Eupalino en el año 500 a. C., conocida también por los romanos.

4° paso: la distribución

El **sistema de distribución hídrica** en la antigua Roma se hacía así: los acueductos entraban en la ciudad y el agua se repartía en una serie de conductos menores, que abastecían las fuentes públicas y en algún caso también casas particulares. Según la anchura del tubo llegaba más o menos agua.

1 Prepara una centralita de distribución del agua. Toma un recipiente grande de yogur, o de alimentos, y haz tres agujeros más o menos a la misma altura, a unos 2 cm del fondo.

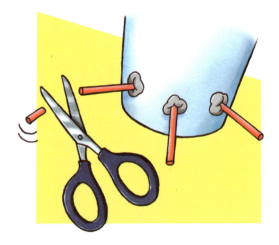

2 Encaja en los agujeros tres pajitas, inclinándolas hacia abajo. Fíjalas al vaso con la masilla, de modo que los agujeros queden bien tapados y no haya fugas de agua. Si las pajitas son demasiado largas, pídele a un adulto que las corte.

3 Apoya tu vaso grande sobre un tarro y coloca tres vasos de plástico bajo las pajitas. Ahora vierte el agua en el vaso grande y observa cómo sale por los lados.

4 Prueba a echar en el vaso grande agua mezclada con tierra, arena o café molido. Si viertes lentamente el agua sucia en tu centralita, verás que gran parte de la arena se deposita en el fondo del recipiente y no llega a los vasos.

Cómo mejorar tu acueducto

Ahora que conoces las técnicas de excavación, el arco para realizar los puentes, el sifón inverso para superar los obstáculos y también el mecanismo de distribución, prueba a construir un modelo grande de acueducto, utilizando el tubo de plástico como conducto del agua.

AÑADE CASAS PARA RECREAR LA CIUDAD

Recrea una ciudad romana, añadiendo unas casitas cerca del acueducto. Puedes usar construcciones de juguete o construirlas con pequeños trozos de madera.

AÑADE UN POCO DE COLOR

Decora tus elementos coloreándolos según tu imaginación.

AÑADE EL PAISAJE

Utiliza papel de embalar para cubrir parte de los elementos y pon encima un poco de musgo o de ramitas para hacer los árboles.

Con papel de aluminio puedes simular el agua de un río o un lago para ponerlo cerca del comienzo del acueducto.

¿Cómo son los acueductos modernos?

Todavía hoy los acueductos aprovechan lo máximo posible la fuerza de la gravedad, y mantienen los mismos principios que antes. Sin embargo, se han introducido diversos sistemas para controlar y limpiar el agua, para monitorizar la presión y para controlar las fugas.

LA PURIFICACIÓN

Todos los acueductos comienzan con la recogida del agua. Cada día se controla y analiza el agua recogida para comprobar la presencia de **bacterias.** Luego se somete a tratamientos más o menos complejos según su limpieza: el proceso más sencillo es la adición de **cloro,** un desinfectante que elimina diversos microorganismos.

RESPIRADEROS

Todos los acueductos modernos tienen respiraderos o desfogues, es decir, unos **conductos** que permiten que salga el aire que pueda haber pasado a la instalación.

LOS DEPÓSITOS

Los acueductos modernos a veces tienen grandes depósitos, situados entre la partida y la llegada, que pueden servir para regular el flujo o para reservar agua en caso de emergencia. Pueden tener diferentes formas: el de la foto inferior es un **depósito en forma de torre.**

LA DISTRIBUCIÓN

Hoy en día el agua llega a todas las casas: para hacer esto, los acueductos terminan en una compleja **red de distribución,** hecha de tubos cada vez más pequeños que llegan a todas partes.

UN BIEN PRECIADO

Hoy es más fácil disponer de agua: pero no debemos olvidar que es un preciado bien, nuestro y de todos. Reducir su despilfarro depende también de nosotros y de pequeñas acciones: cerrar el grifo cuando no lo usemos, reparar las fugas, instalar medidas antigoteo.

Otras maneras de conseguir agua

En la Antigüedad, incluso en época romana, se usaba el acueducto cuando no se podía conseguir el agua de otro modo, como sacándola directamente de los ríos.

POZOS

El sistema más extendido era el pozo, es decir, una excavación en el terreno para recoger aguas subterráneas. Los pozos podían ser pequeños y alimentar un solo edificio o abastecer todo un barrio: entre los pozos más antiguos y espectaculares está el de **San Patricio de Orvieto** (Terni, Italia), construido en 1537.

LOS ZAHORÍES

La búsqueda de las aguas subterráneas era muy importante: estaba confiada a los zahoríes, quienes se ayudaban de un palito bifurcado o de un péndulo. «Sentían» el agua bajo sus pies e indicaban dónde excavar el pozo.

CISTERNAS DE RECOGIDA

Las cisternas eran lugares para la recogida del agua: podían ser grandes o pequeñas y, como los pozos, podían abastecer una casa, un palacio o todo un barrio. El agua recogida en las cisternas provenía de un acueducto, de un arroyo o de la lluvia. Entre las cisternas más espectaculares está la **Cisterna Basílica de Estambul,** construida en el año 532 d. C. (arriba, una foto de una gran cabeza de Medusa usada para sostener una columna de la cisterna).

CONOCER LA
ANTIGUA ROMA

Una mirada sobre Roma

Imagínate que vuelas sobre la antigua Roma: verías bajo tus pies una ciudad que parece no terminar nunca, la más grande y quizá la más rica de la Antigüedad, capital de un imperio enorme.

Una ciudad constelada de monumentos con una población total de casi un millón de personas.

EL TÍBER

La ciudad de Roma surge en el río Tíber, que antiguamente era navegable.

LA GRAN MAQUETA DEL MUSEO DE LA CIVILIZACIÓN ROMANA MUESTRA LA CAPITAL DEL IMPERIO EN EL SIGLO IV D. C.

EL TEMPLO DE JÚPITER CAPITOLINO

El **Campidoglio** es una de las «siete colinas» sobre las que se fundó Roma. Sobre ella surgía el templo dedicado a Júpiter, la divinidad romana más importante.

EL FORO ROMANO

Todas las ciudades romanas se construían en torno al foro, un gran espacio público que era el corazón de la vida comercial y política.

EL COLISEO

El anfiteatro máximo era el lugar en el que se desarrollaban las batallas entre los **gladiadores** y albergaba también otros espectáculos.

LOS ACUEDUCTOS

Once acueductos diferentes abastecían Roma, llevando a cada ciudadano alrededor de un metro cúbico de agua al día, ¡más que hoy en muchas ciudades!

LOS ARCOS DE TRIUNFO

Las conquistas del Imperio eran celebradas con grandes arcos decorados.

EL CIRCO MÁXIMO

Este gran espacio, todavía visible en el área del **Foro Romano,** hospedaba las carreras de bigas.

El nacimiento de Roma

Los orígenes de Roma están envueltos en leyenda. Según la tradición, la ciudad fue fundada en el año 753 a. C. y, durante casi doscientos años, la gobernaron siete reyes diferentes, hasta que, en el año 509 a. C., el último de ellos, Tarquinio el Soberbio fue depuesto para instaurar la República (del latín *res publica*, cosa de todos).

LOS REYES MÁS ALLÁ DE LA LEYENDA

A menudo las leyendas esconden la historia real, modificada para que resulte memorable. Es probable que Roma se fundara mucho antes y que los reyes hayan sido más de siete. Dado que los últimos tres reyes fueron etruscos, imaginamos que la ciudad había caído bajo la influencia de esos potentes vecinos, de los cuales se liberó en un determinado momento.

ENTRE LOS MITOS DE LA FUNDACIÓN DE ROMA DESTACA EL RAPTO DE LAS SABINAS (LAS MUJERES DE UNA TRIBU VECINA), QUE TRAMÓ RÓMULO POCO DESPUÉS DE LA FUNDACIÓN DE LA CIUDAD (AQUÍ EN UNA CÉLEBRE ESCULTURA DEL ARTISTA JUAN DE BOLONIA).

LA EXPANSIÓN MILITAR

Roma poco a poco va expandiendo sus territorios, con guerras y grandes campañas militares, derrotando en primer lugar al resto de las poblaciones itálicas, luego a los griegos y a los cartagineses. Tras la muerte de Julio César (44 a. C.), la República romana ya ocupaba casi todo el Mediterráneo.

LOS ETRUSCOS

Los romanos combatieron y vencieron sobre todo a los pueblos vecinos: los más poderosos eran los etruscos, un pueblo de mercaderes organizado en muchas ciudades autónomas, muy fuertes en el centro de Italia. De los etruscos tomaron (y reelaboraron) el alfabeto, las costumbres y las divinidades, el uso de las leyes y algunos símbolos del poder.

LA LOBA CAPITOLINA

El símbolo de Roma es la loba que, según el mito, amamantó a los gemelos Rómulo y Remo, fundadores de la ciudad.

El Imperio romano

Julio César fue asesinado tras una conjura en el año 44 a. C. Después de su muerte se produjo un periodo de guerra civil hasta el ascenso de Octavio Augusto, que en el año 27 a. C. se convirtió en el primer emperador. El Imperio romano seguirá creciendo y expandiéndose durante otros tres siglos, hasta la división en dos imperios y la caída posterior del Imperio romano de Occidente en el año 476 d. C.

MANTENER UNIDO EL IMPERIO

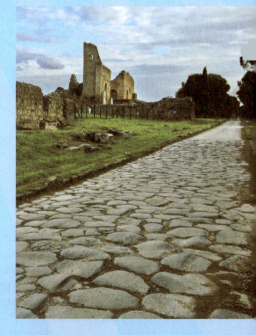

Un imperio tan grande se mantenía unido gracias a la potencia militar de Roma, al adiestramiento de sus soldados y a la grandeza del propio ejército. Pero contaban aún más las grandes **conquistas sociales,** las numerosas calzadas que atravesaban Europa, las rutas comerciales, la creación de un eficiente servicio de correos, además de una lengua y una moneda comunes que facilitaron la circulación de las personas y la transmisión del conocimiento.

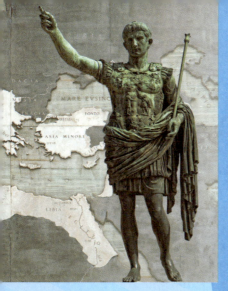

LAS PARADAS DE POSTA

A lo largo de las calzadas, los romanos construyeron, a un día de viaje entre ellas, unas *mansiones,* es decir, unos albergues donde los viajeros en servicio por motivos oficiales podían cambiar de montura o de medio de transporte y disponer de comida y alojamiento. Gracias a estas postas, los mensajes y las noticias viajaban rápidamente por el Imperio, sin dejar aisladas a las numerosas localidades periféricas. Para que nos hagamos una idea de la velocidad que se podía alcanzar, el historiador Dion Casio cuenta que el emperador Tiberio (aquí, un busto suyo) llegó a recorrer una distancia de más de setecientos kilómetros en un solo día.

LAS CALZADAS

Dice el refrán: «Todos los caminos llevan a Roma». Desde tiempos de la República, los romanos han marcado cada una de sus conquistas potenciando una **red de calzadas** que llegaba a todo el Imperio. Muchos de sus trazados se utilizan aún hoy en día.

LOS MILIARIOS

A lo largo de las calzadas los romanos instalaban unas piedras que señalaban la distancia (en millas) de Roma o del centro cercano más importante.

Uno de los imperios más grandes de todos los tiempos

Aquí veremos las principales etapas de la expansión de Roma: desde que era una pequeña ciudad cerca del mar en el corazón de Italia hasta convertirse en la capital de uno de los imperios más grandes de todos los tiempos.

LOS SOLDADOS ROMANOS

En el momento de máxima gloria, el **ejército romano** comprendía aproximadamente veintiocho legiones y 315 000 efectivos, bien adiestrados y armados. Una de las ventajas del ejército romano eran los estrategas, y sus soldados estaban bastante más preparados que los bárbaros contra los que luchaban, solo acostumbrados a la pelea individual y no a la batalla. Una de las técnicas del ejército era la llamada **tortuga** o **testudo,** una formación en la que los soldados avanzaban completamente cubiertos por los escudos para protegerse de los ataques de los enemigos.

800 a. C.

1. ROMA EN LA ÉPOCA DE SU FUNDACIÓN.

146 a. C.

2. EL TERRITORIO ROMANO TRAS LAS GUERRAS PÚNICAS Y EL TRIUNFO SOBRE CARTAGO.

14 d. C.

3. EL IMPERIO ROMANO A LA MUERTE DE AUGUSTO.

114 d. C.

4. CON EL EMPERADOR TRAJANO ROMA ALCANZA SU MÁXIMA EXPANSIÓN Y LLEGA HASTA LA FRONTERA CON ESCOCIA, OCUPA LOS BALCANES Y MEDIA ALEMANIA, DACIA Y ANATOLIA (LA ACTUAL TURQUÍA), TODO ORIENTE MEDIO Y LA COSTA DE ÁFRICA.

LA CENTURIACIÓN

Como recompensa por las conquistas y los servicios prestados al Imperio, los soldados podían obtener una extensión de tierra, fruto de una centuriación, es decir, una división hecha sobre un plano del terreno. Todavía hoy muchos campos europeos presentan esa división geométrica realizada por los romanos.

¡MIRA CÓMO ROMA ESTÁ EN EL CENTRO DE TODO!

Los asentamientos romanos

Los romanos construían sus asentamientos preferiblemente sobre pequeñas colinas cerca de los ríos y a lo largo de las calzadas. Los primeros asentamientos eran campamentos fortificados, de los que a veces nacían ciudades.

EL CAMPAMENTO ROMANO

Los campamentos romanos tenían una forma **regular** o **cuadrada** (a menos que la orografía del terreno requiriera diversas intervenciones), con puertas de acceso en los cuatro lados.

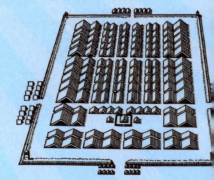

EL PLANO ROMANO

Muchas ciudades fundadas por los romanos (a la izquierda el plano de Florencia) conservan aún el trazado regular del primer asentamiento, en el que se reconoce un plano cuadrado marcado por el cruce de dos vías, el **cardo** y el **decumano**: ahí es donde se establecía el foro.

EL ANFITEATRO DE PULA EN CROACIA.

TEATROS Y ANFITEATROS

En las ciudades más grandes no faltaban espacios para los espectáculos, como el teatro y el anfiteatro, este último dedicado además a los combates de gladiadores. Se trataba de construcciones monumentales, algunas de las cuales todavía están en pie.

LAS TERMAS

Los romanos daban una gran importancia a las fuentes termales, en torno a ellas construían establecimientos donde era posible lavarse, entrar en una **sauna** y beber **aguas medicinales** (en la imagen, las termas de Bath, en Inglaterra).

Construir un acueducto

Entre las obras principales para la vida ciudadana estaban, obviamente, nuestros acueductos. El primer paso que debían afrontar los arquitectos era la elección del agua que se iba a traer a la ciudad: no importaba tanto la cercanía como la pureza, el sabor, las propiedades atribuidas a las sales minerales que contenía y el hecho de que la **fuente** fuera pura y cristalina.

LA ELECCIÓN DEL RECORRIDO

A continuación, había que elegir un recorrido que garantizase una inclinación constante, en torno al 2%. Aunque espectaculares, las grandes arcadas que conocemos se utilizaban lo menos posible y preferían seguir los desniveles del terreno y alargar el recorrido en lugar de trazar largas líneas rectas (a la derecha, el acueducto romano cerca de Rosellón, en el sur de Francia).

LAS PRESAS

Para garantizar un flujo regular de agua en la conducción, los romanos también construían presas, en especial en las regiones más secas: en España había setenta y dos. Las presas también podían servir para abastecer los molinos destinados a la producción industrial.

LOS CANALES

El agua fluía normalmente bajo tierra, excepto en el tramo de entrada a la ciudad. En las zonas en que el agua debía correr por la superficie se construía un foso reforzado: el canal estaba siempre protegido con lastras, para proteger el agua de la caída de tierra, hojas o suciedad. Cuando no era visible, el acueducto siempre se señalaba con grandes hitos, para evitar que resultara dañado o ensuciado.

El mantenimiento

Una vez construidos, los acueductos requerían **grandes cuidados:** había que reparar fugas eventuales, limpiar los conductos de cal y grava, o vigilar que no hubiera partes que presentaran amenaza de derrumbe. Por ello todos los acueductos eran accesibles, por arriba o por abajo, y a menudo se podían recorrer andando.

PROPIEDAD PÚBLICA

Todos los acueductos eran públicos, propiedad del gobierno: dañar el conducto o contaminar el agua estaba severamente castigado, así como cualquier robo de agua de las tuberías públicas.

EL DESUSO

Con la caída del Imperio, el mantenimiento de los acueductos resultaba fatigoso y caro, y poco a poco su uso se fue perdiendo, incluso en la capital. Por otro lado, en la Edad Media, Roma no era ya la metrópolis de un millón de habitantes, sino una modesta ciudad de treinta mil personas. Habrá que esperar al Renacimiento para que los grandes acueductos romanos sean descubiertos, puestos en funcionamiento y, a veces, también adornados con monumentales estatuas y fuentes. El primer acueducto que volvió a funcionar fue el Aqua Virgo, reabierto en 1453 y todavía hoy usado para abastecer importantes fuentes.

FRAGMENTOS DE TUBERÍA

Las tuberías requerían un mantenimiento constante. Probablemente se fabricaban de forma regular y estandarizada, de modo que se pudiera sustituir fácilmente un trozo defectuoso.

LA FONTANA DE TREVI, EN LA PLAZA EL MISMO NOMBRE, TODAVÍA HOY SE ABASTECE GRACIAS AL ACUEDUCTO ROMANO AQUA VIRGO.

La arquitectura romana

Los romanos dedicaron mucho esfuerzo a las obras arquitectónicas, no solo para realizar edificios útiles sino también para mejorar el aspecto de la ciudad. De este modo podían transmitir el sentido de potencia y de prestigio del Imperio. Además, en Roma se desarrollaron nuevos conocimientos y técnicas.

EL *OPUS CAEMENTICIUM*

Los romanos ya conocían la **cal,** un material de construcción que se elaboraba quemando mármol o piedras calcáreas en hornos especiales. Mezclando la cal con la arena se podían obtener diversos tipos de **argamasa.** Y volviendo a mezclar la argamasa con piedras y fragmentos (*caementa*) creaban el **hormigón,** un material de construcción versátil y muy utilizado.

LA CÚPULA DEL PANTEÓN DE ROMA, PROBABLEMENTE OBRA DE APOLODORO, CONSTRUIDA EN TORNO AL AÑO 128 D. C.: ES LA TERCERA BÓVEDA MÁS GRANDE EXISTENTE.

APOLODORO

Apolodoro de Damasco está considerado el mayor arquitecto del mundo romano. Experto también en ingeniería militar, acompañaba al emperador Trajano en las campañas militares. A él se le deben los proyectos del Foro, de las Termas y del Mercado de Trajano (en la imagen inferior) de Roma.

MARCO VITRUVIO POLIÓN

Considerado el mayor teórico de la arquitectura de la Antigüedad, a él le debemos el tratado *De architectura*, dedicado a Augusto, escrito en 10 libros probablemente entre el año 29 y el 23 a. C. y que fue redescubierto en el Renacimiento. Es uno de los mayores intérpretes de la armonía «a medida el hombre». De él Leonardo da Vinci retomó la idea del hombre como «medida» de todas las cosas, idea que se ha hecho famosa con el célebre dibujo que ves arriba.

EL ARCO

Hemos visto lo importante que es el arco en los acueductos. Los romanos heredaron la técnica del arco de los etruscos, que fueron el primer pueblo que estudió sistemáticamente su uso (a la izquierda, la puerta de la muralla etrusca de Volterra). Un arco sostiene una estructura sobre el vacío, equilibrando las fuerzas de todos los elementos y descargando el peso hacia abajo. Entre los monumentos romanos por excelencia destaca el **arco de triunfo,** erigido con ocasión de victorias militares.

La lengua y las artes

Gracias a su importancia, la cultura de Roma se impuso en toda Europa, así como su lengua: los antiguos romanos hablaban el **latín,** un idioma que sobrevivirá a la caída del Imperio por ser la lengua oficial del cristianismo. Durante siglos, las personas doctas han estudiado con libros en latín, dada la gran importancia de la cultura romana, en especial en la filosofía, el derecho y la literatura.

LAS LENGUAS ROMANCES

Del latín derivan el italiano, el francés, el español, el portugués, el catalán, el rumano y otros muchos dialectos europeos. El latín es la lengua oficial de la Ciudad del Vaticano.

EL DERECHO ROMANO

Los romanos se encuentran entre las primeras civilizaciones que sistematizaron y organizaron las **leyes,** creando una serie de principios que aún hoy se estudian en derecho. Entre los más famosos abogados latinos se encuentra **Cicerón,** un gran orador que habló a sus contemporáneos de derecho, de corrupción y de moral.

EL TEATRO Y LA FILOSOFÍA

Los romanos heredaron de Grecia gran parte de su cultura: así fue en el caso de los géneros teatrales de la **comedia** y de la **tragedia,** además de la **filosofía** y la **poesía.** Son muchos los autores latinos aún representados en nuestros días, desde **Plauto** hasta **Séneca.** En Roma nacieron también algunos géneros de larga vigencia como la **sátira,** que era una composición de versos para burlarse de personas concretas o de determinados comportamientos.

SON PALABRAS LATINAS VIRUS, AGENDA... ¡Y MUCHAS MÁS!

EL ALFABETO

Todavía hoy el **alfabeto latino** es el más usado en el mundo: es el que utilizamos también nosotros.

S · P · Q · R

Las ciencias

Ya antes de la fundación de Roma, en Grecia se estudiaban los principios de las **matemáticas,** de la **geometría** y de la **medicina.** Los romanos supieron mantener viva esta tradición uniéndola a otros descubrimientos procedentes de diversos países.

GALENO Y LA MEDICINA

El médico de origen griego Galeno, que vivió en el siglo II d. C., desarrolló las intuiciones de Hipócrates, el mítico fundador de la medicina antigua, sistematizando la **teoría de los humores,** según la cual la salud es un equilibrio entre diferentes fluidos. Todavía hoy la palabra **galeno** es sinónimo de médico.

PLINIO EL VIEJO

Uno de los sabios más grandes de la edad imperial fue Plinio, llamado el Viejo para diferenciarlo de su sobrino, Plinio el Joven. Plinio el Viejo nos legó una enorme cantidad de observaciones, conocimientos científicos, técnicas y apuntes, en una obra de 37 volúmenes, la *Historia Natural.* Fue víctima de la erupción del Vesubio que destruyó Pompeya, por acercarse demasiado a ella para poder describirla.

LA INGENIERÍA

Los romanos fueron también grandes ingenieros, capaces de conjugar los conocimientos adquiridos con los mejores materiales: entre las grandes obras realizadas en el Imperio destacan los puentes romanos, que son los puentes más grandes y duraderos jamás construidos.

LOS NÚMEROS ROMANOS

Los romanos introdujeron un sistema de numeración aún vigente, en especial para indicar años y siglos (y a veces también las horas). Solo algunos números tenían una cifra, indicada con una letra del alfabeto: I = 1, V = 5, X = 10 y así otras. El resto de los números se conseguía de modo «adicional», es decir, añadiendo cifras: II se leía I + I = 2, y VI era 6. Una cifra más baja antes de una más alta restaba y no se sumaba: IV era por tanto V – I = 4.

LAS MINAS

Desde la época de la República, los romanos tuvieron mucha necesidad de materias primas y minerales, que extraían de todo su territorio. Para ello desarrollaron **técnicas de extracción del mineral** que duraban siglos y de las que también se beneficiaron los acueductos. En Las Médulas, en León (abajo, el particular paisaje que originaron las excavaciones romanas), al menos siete grandes canales se introducían en la mina principal: las oleadas de agua eran conducidas a las colinas, para quitar la tierra, deshacerse de los detritos y para apagar los fuegos que se prendían.

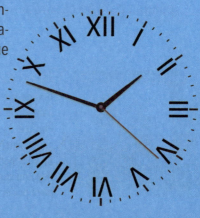

El panteón romano

Los romanos adoraban a muchos dioses y diosas, que tomados en su conjunto formaban un *panteón*, es decir, una especie de **asamblea de divinidades.** Estos dioses provenían de la cultura etrusca y a lo largo de los siglos a menudo se identificaron con análogas divinidades griegas.

¡LOS PLANETAS LLEVAN SUS NOMBRES!

APOLO

Apolo es el único dios romano que tiene el mismo nombre que su equivalente griego: es el **dios del sol,** de la medicina, de la música y de las artes.

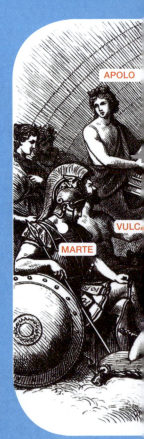

APOLO

VULC.

MARTE

MARTE Y VULCANO

El de la armadura es Marte, el **dios romano de la guerra;** junto a él está Vulcano, **dios del fuego** y de la forja del hierro (por eso lleva un martillo).

JÚPITER Y JUNO

Los dioses más importantes para los romanos son Júpiter y Juno, **rey y reina de los dioses.**

VENUS

La **diosa del amor.** Según el poeta Virgilio es la madre de Eneas, por tanto la protectora de Roma. Aquí aparece al lado del pequeño Eros, el **amorcillo** de los griegos.

MINERVA

Diosa de la sabiduría, es una de las divinidades más importantes para los romanos.

MERCURIO Y NEPTUNO

El que tiene el tridente es Neptuno, **dios del mar;** la otra divinidad porta un extraño bastón con dos serpientes, llamado caduceo: se trata de Mercurio, **mensajero de los dioses** y dios del comercio.

JÚPITER
JUNO
MINERVA
VENUS
MERCURIO
NEPTUNO

EL CRISTIANISMO

En Roma la religión pagana (así se llama la religión de los dioses antiguos) irá siendo suplantada por el cristianismo: de ser al principio una religión perseguida, se convertirá después en la religión oficial en el último siglo del Imperio.

PARA SEGUIR DESCUBRIENDO...

✔ Juegos

Augustus (de Paolo Mori, Hurrican). Un juego de mesa ambientado en los tiempos del emperador Augusto.

Gloria a Roma (de Carl Chudyk, Homoludicus). Un juego complejo para reconstruir Roma después del gran incendio del año 64 d. C.

✔ Web

http://www.nationalgeographic.com.es/historia/grandes-reportajes/acueductos_8592

Un gran estudio sobre los acueductos romanos.

✔ Museos y exposiciones

Centro de Visitantes del Acueducto Romano de Albarracín-Gea de Albarracín-Cella. Las partes mejor conservadas del acueducto han sido acondicionadas y señalizadas para su visita: http://www.centroacueductoromanogea.com/contenidos.html

> ¿HA SIDO DIVERTIDO CONSTRUIR EL ACUEDUCTO ROMANO? ¡AHORA TE TOCA A TI! AQUÍ TIENES ALGUNAS IDEAS PARA NUEVOS DESCUBRIMIENTOS.

✔ Libros

AA. VV., ***Aventura en Roma.*** Espasa, 2015.
Vive tu propia aventura en la Antigua Roma.

✔ Películas

Ben-Hur (de William Wyler, 1959).
Espartaco (de Stanley Kubrick, 1960).
¡Porque no solo existe ***Gladiator***!

31901064639075